DE BOULOGNE A AUTEUIL PASSY ET CHAILLOT A TRAVERS LES AGES

CONFÉRENCE
PRONONCÉE
A LA SOCIÉTÉ
LITTÉRAIRE
DU
JOCKEY-CLUB
le 22 Mars 1922

par

le Comte d'Andigné

Conseiller Municipal de Paris
Conseiller Général de la Seine

DE
BOULOGNE
A AUTEUIL
PASSY ET CHAILLOT
A TRAVERS
LES AGES

Mesdames, Messieurs,

Tandis qu'à leurs œuvres pervérses,
Les hommes courent, haletants,
Mars qui rit, malgré les averses,
Prépare en secret le printemps.

Pâques va venir. Les beaux jours vont sourire et sourire pour longtemps.

Déjà, l'Invitation au Voyage résonne au fond du cœur de chaque citadin :

Mon enfant, ma sœur,
Songe à la douceur
D'aller voyager ensemble...

Les uns pensent avec allégresse aux charmes paisibles des villégiatures rustiques ; les autres se proposent de prendre, cet été, les bains sur quelque plage à la mode, où l'on retrouve le tumulte de la vie de Paris, ses salons, ses cabarets, et ses dancings ; d'autres enfin, dociles aux ordres de la Faculté, envisagent sans effroi une cure de quelques semaines dans quelque ville d'eaux bien tapageuse et bien chère.

Mesdames, messieurs, je viens vous offrir tout ce que vous désirez : une campagne paisible des bains à la mode, des eaux efficaces et très fréquentées : la campagne d'Auteuil, les bains et les eaux de Passy, qui attirèrent à travers les âges tant d'illustres personnes, tant de grandes dames spirituelles, tant de hauts et puissants seigneurs, tant d'écrivains, tant d'artistes, et qui méritent sans doute qu'à votre tour vous leur fassiez visite.

Voulez-vous que nous tentions ensemble l'aventure ? Chemin faisant, pour ne pas effaroucher des ombres toujours présentes, je vous prierai de troquer, vous, mesdames, vos tailleurs et vos jolies fourrures contre les garde-infantes et les fraises à la royale, contre les paniers fleuris et les coiffures à la Belle-Poule, vous, messieurs, vos vestons et vos jaquettes contre les vastes rhingraves et les grands canons de dentelle, ou bien encore, car nous n'oublierons point qu'on prit encore les eaux à Passy, au temps du Roi Citoyen, contre l'accoutrement romantique, cher à nos aïeules, contre le pantalon à sous-pied, gris-tourterelle, le carrick tête-de-nègre ou la cape flamme d'enfer.

Je ne pousserai pas pourtant l'impertinence jusqu'à vous demander de vous vêtir comme nos ancêtres du temps de Camulogène et de la première défense de Paris. Je vous prierai simplement de parcourir avec moi quelques-uns des premiers paysages de ce qui devait devenir un jour le seizième arrondissement.

Un demi-siècle avant l'ère chrétienne, la Seine est majestueuse. Ses eaux couvrent la plaine et transforment en marécages les terres basses en amont et en aval de la Cité. Ce panorama est couronné par les plateaux cultivés et le cercle des collines qui s'étend depuis la crête de Belleville jusqu'au dernier saillant d'Auteuil.

Un grand cours d'eau descend de la montagne boisée de Ménilmontant, pour se jeter dans la Seine au bas de Chaillot ; sur la rive gauche, les marais s'étendent jusqu'à Grenelle et au delà. La Seine en cet endroit, se divise en deux branches et forme une île très longue, englobée depuis dans la terre ferme et dont le petit îlot des Cygnes est aujourd'hui le dernier vestige.

Cette île de Grenelle, en 52 avant Jésus-Christ, Labienus, le fameux lieutenant de César, campé sur l'emplacement de ce qui devait être Passy, l'utilise pour faire franchir la Seine à ses quatre légions et attaquer les Parisii, commandés par Camulogène et retranchés sur le mont Lucotitius (le Panthéon actuel) ; Camulogène se fait tuer à la tête de ses guerriers, les Parisii doivent se soumettre. C'est la première prise historique de Paris.

La Gaule conquise, Lutèce prend aussitôt une très grande importance. Des villas agricoles se construisent alentour, et c'est à l'une d'elles, la villa de Paccius, que des étymologistes audacieux voudraient faire remonter le nom de Passy. Il est plus simple de supposer qu'à ce moment, une colonie romaine se forme sous le nom de Nimio, sur les bords de la Seine, en bas du Trocadéro actuel. Elle constituera le premier centre habité de nos parages, celui de Nigon ou Nigeon.

Ce n'est que plus tard, au temps de nos premiers Capétiens que les renseignements se préciseront. Sous la dynastie précédente, les arbres couvraient encore toute notre région, formant de hautes et sombres futaies, où les Druides longtemps célébrèrent leurs mystères.

Après avoir été habité aux temps préhistoriques, par le renne et l'auroch, notre bois de Boulogne où l'on ne tue même plus de lapins, était peuplé alors de buffles, de bisons, de tigres (je me suis laissé dire que notre Passy en possédait encore un). Les bêtes fauves, d'ailleurs, y séjourneront jusqu'au dix-huitième siècle. Louis XIII y viendra tuer des loups. En 1732, un sanglier y mettra fin aux jours de M. de Melun. Sous la Restauration, on y chassera encore des chevreuils et des daims, qui laisseront quelques descendants, aujourd'hui apprivoisés.

Ainsi, pendant longtemps, notre territoire ne sera fréquenté que par des bêtes féroces, auxquelles viendront se joindre les malandrins, coupeurs de bourses et détrousseurs de grand chemin qu'attire le voisinage de Paris. Tels furent les premiers habitants du XVIe arrondissement.

Qu'il soit permis à l'un des représentants de ce XVIe d'observer que depuis, les choses ont bien changé. Il n'est pas, en effet, un coin de la capitale qui ait joui, dans ces derniers siècles, d'une meilleure réputation, à tel point qu'on en vint à surnommer, pour l'aménité de leur caractère, les habitants de Passy... les câlins.

C'est au début du XIIe siècle qu'on découvre les premières traces indiscutables d'une agglomération régulière d'habitants. En l'année 1114, la *Chronique de Saint-Denis* signale officiellement l'importance du modeste bourg des Menuls, des menus, constitué sur les bords de la Seine, à la lisière de la forêt, par des bûcherons. Ces Menuls deviendront un jour Boulogne-sur-Seine.

Ces bûcherons peu à peu défrichent le terrain, se font cultivateurs et, parvenus aux coteaux d'Auteuil, y plantent de la vigne avec succès. Au temps d'Abailard, les escholiers, ses disciples, se font servir au Mont Sainte-Geneviève, du vin du petit clos d'Auteuil.

Bientôt, les crus de Chaillot et de Passy se révèlent à leur tour. A la fin du XIIe siècle, les Chaillotins possèdent déjà une petite chapelle.

Vers le même temps, la grande Abbaye du Bec, près de Rouen, possède des terres à Auteuil ; d'autres monastères se fondent et les rois de France s'installent en plein Passy. En 1312, un édit de Philippe-le-Bel est daté de Passy ; la tradition voudrait que le château de Philippe fût situé au point culminant de la rue de la Tour actuelle et l'on chercherait même à retrouver les traces de la Châtellerie des Valois dans une vieille tour que l'on voit encore au 86 de cette rue.

C'est au séjour de Philippe-le-Bel à Passy qu'il faut rattacher l'histoire — ou la légende d'Arnaud Catelan.

Arnaud Catelan, troubadour fameux, vivait à la cour de Béatrix de Savoie vers l'an 1300. Philippe-le-Bel ayant entendu vanter cet incomparable chanteur, pria la comtesse de Provence de le lui prêter une saison, ce qu'elle s'empressa de faire en le chargeant de remettre au roi de France, un présent de vin doux et de parfum d'Orient. Philippe-le-Bel habitait sans doute à ce moment son château de Passy, car il fut bientot avisé qu'Arnaud Catelan était arrivé sur les confins de la forêt de Rouvray et priait, comme elle n'était pas sûre, qu'on lui envoyât, une escorte pour la traverser. Un capitaine des gardes lui fut dépêché avec des hommes d'armes, mais ils revinrent bientôt en disant qu'ils avaient traversé toute la forêt et passé la Seine, sans trouver le troubadour. On chercha encore et on l'attendit en vain. Cependant, on fut fort surpris, à la Cour, des parfums délicieux que se mit à exhaler le capitaine des gardes ; de leur côté, les hommes de l'escorte se livraient à des beuveries de vins inconnus. Le Roi, soupçonneux, employa aussitôt les moyens de persuasion en usage à cette époque. Il fit mettre nos gaillards à la question et fut vite édifié. Il apprit qu'on avait bien trouvé le troubadour au rendez-vous, mais qu'étant du Midi et aimant bien à parler, il avait raconté qu'il apportait de précieux cadeaux pour le Roi. Sur quoi, le capitaine et ses hommes, avec un ensemble touchant, avaient, en traversant un fourré, tué et dévalisé celui qu'ils avaient mission de protéger.

Le corps de l'infortuné Arnaud Catelan fut, en effet, retrouvé à l'un des carrefours de la forêt de Rouvray, et Philippe-le-Bel, après avoir fait brancher tous les meurtriers, fil élever sur le lieu même du crime une croix en souvenir du chanteur de Béatrix,

Les destructeurs de légendes ont prétendu que la Croix Catelan ne perpétuait, en réalité, que la mémoire d'un certain Théophile Catelan, capitaine des chasses du bois de Boulogne et propriétaire du château de la Meute ou plutôt la Mute, qui plus tard devint le château de la Muette. Est-ce bien certain? Les ennemis de la légende n'ont oublié qu'une chose, c'est que, sur la pyramide tronquée qui, au XVIIe siècle, remplaça la croix légendaire, on distinguait encore, en 1861, un écu effrité aux armes de Provence. Or, je vous le demande, que signifiaient ces armes, si ce n'est un hommage séculaire, rendu à la comtesse de Provence, protectrice de cet Arnaud Catelan, dont le Pré verdoyant, si cher aux Parisiens et aux Parisiennes, conserve si joliment le souvenir.

Cette forêt de Rouvray si peu sûre au temps de Philippe-le-Bel, ne l'était guère davantage un siècle plus tard. Peu s'en fallut qu'il n'y advint même méssaventure à l'héroïque Du Guesclin qu'au chanteur de Béatrix. Le connétable revenait de Bretagne ; pour rentrer dans Paris, allant au plus court, il prit à travers la forêt. Messire Bertrand passa sans méchef avec ses hommes d'armes ; mais derrière lui, routiers et coupe-jarrets eurent le front de piller son bagage. En sorte que Du Guesclin fort courroucé, à ce qu'assurent les chroniques de l'époque, aurait dit à son roi : « Sire, c'est vraiment grand dommage qu'à deux heures de votre capitale, on ne puisse voyager en sûreté .»

Reconnaissons volontiers que la police du Bois si critiquée de nos jours, était encore moins bien faite du temps de Charles V.

Cette police, un homme pourtant voulut la faire et la fit, en effet. Ce pacificateur fut un barbier, un barbier royal il est vrai, Olivier le Daim ou le Diable, barbier de Louis XI.

Le Roi, dont il était l'homme de confiance, lui avait fait don de la Garenne de Rouvray. Il faut croire qu'Olivier le Daim était grand chasseur, car pour défendre son gibier il donna une telle chasse aux maraudeurs que « oncques depuis, on n'y entendit parler de grosses histoires de brigands ».

A la mort d'Olivier, le domaine passe entre les mains de son compère Coictier, médecin du Roi. Louis XI vient visiter souvent la Garenne de Rouvray et il inaugure lui-même, en personne, le 10 juillet 1469, une église que Coictier avait fait construire aux Menuls. Par un édit du même jour, Louis XI ordonne que la nouvelle paroisse prendra le nom de Boulogne et que le bois qui en dépend portera le même nom.

Voilà notre bois baptisé. C'est donc Louis XI qui a consacré le bois de Boulogne. C'est à ce roi que les habitants du XVIe doivent de jouir d'un si beau lieu de promenade.

Parvenus à l'orée des temps modernes, jetons un coup d'œil rapide sur le tableau que présentait notre territoire à la fin du Moyen Age.

Auteuil (son nom serait un souvenir du temple des Druides, de l'autel — *altarium* — qui s'y trouvait alors), Auteuil a été érigé en paroisse en 1192 par Maurice de Sully, alors que les Génovéfains venaient de s'y installer. Ces moines de Sainte-Geneviève s'occupaient beaucoup des malades. Grâce à eux, la réputation de salubrité d'Auteuil se répandra vite et les Parisiens prendront l'habitude d'y venir soigner leur santé.

Les Génovéfains accroissent leurs domaines et se font accorder des privilèges, étendant leur juridiction sur Boulogne, Passy et Chaillot. Ils ont droit de haute, moyenne et basse justice, et sur la route qui longe la Seine, au lieu même du Point-du-Jour, se dresse un gibet qui fait concurrence à celui de Montfaucon.

Nous retrouverons tout à l'heure, l'abbaye de Longchamp, fondée par la sœur de saint Louis, la pieuse Isabelle ; l'abbaye des Bonshommes, qui s'étendait des hauteurs de Passy jusqu'à la Seine.

Je note en passant que ce territoire était, au XVe siècle un fief breton, un fief des ducs de Bretagne. La femme de Louis XII, Anne de Bretagne, en fit dont à des religieux de saint François de Paule, surnommés les Bonshommes. Leur église fet édifiée sur l'emplacement de la rue Chardin actuelle. Nos Bonshommes appartenaient à un ordre dont les règles étaient fort sévères. Ils devaient s'abstenir de viande et furent donc les premiers végétariens de Passy ; en outre, il leur était défendu de parler, sauf en de rares cas, et enfin, par humilité, ils ne devaient jamais changer de vêtement. Nous verrons pourtant qu'au motns un jour, ou plutôt un soir, il advint que cette règle se relâcha.

Passy tardera longtemps à s'veiller à la vie communale; mais, dès la fin du XIIe siècle, le village de Chaillot commence à se fonder. Deux cents ans plus tard, la Seigneurie de Chaillot fait partie du domaine royal et Louis XI, après avoir accaparé toutes les terres d'alentour, la donne en 1474 au célèbre Philippe de Commines.

Le XVIe siècle, furieusement troublé par les guerres de religion, ne pouvait être très favorable au développement d'Auteuil, de Chaillot et de Passy, dont on commence pourtant à entendre parler. C'est au Grand Siècle, c'est au siècle de Louis-le-Grand, de Boileau, de Racine, de Molière, ces hôtes illustres de notre territoire, que la gloire commence pour ce beau coin des environs de Paris, où il est déjà de mode de venir prendre les eaux.

Mais — comme je vous le disais tout à l'heure — je craindrais que les toilettes de 1922 ne vinsent effaroucher les ombres du Grand Siècle. Je vous prie donc, messieurs, de passer le haut-de-chausses aux grands canons de dentelle, d'endosser la rhingrave enrubannée, de coiffer la grande perruque à la Rigaud et, pour satisfaire à la mode du jour, de porter à votre chapeau — empanaché — un bas de soie ayant appartenu à la dame de vos pensées.

Vous, mesdames, je vous prie de vouloir bien vous coiffer à la Fontange, de dissimuler vos charmants minois sous l'incognito du masque qui vous permettra de pouvoir rougir sans qu'on y prenne garde ; enfin de revêtir les grands vertugadins et la robe à la Palatine, toute de brocart d'or ou d'argent, rehaussé de gemmes. Nous prendrons quelques-uns de ces carrosses dorés, dont certains peut-être subsistent encore, celui de Mlle de Chevreuse « couvert partout, sur le cuir, de velours rouge cramoisi, cloué à clous dorés », celui encore de la jeune marquise de la Vieuville, semé d'armoiries, « les portières ballant à terre à grandes crépines et couvertes toutes de broderies de soie blanche et jaune, ainsi que le dedans du carrosse et les couvertures des chevaux »... et nous irons à la promenade si en faveur au temps du Roi Soleil.

Nous sortons de Paris, par le Cours la Reine, du côté de la Savonnerie, et de là nous gagnons le village de Chaillot, où une baleine est exposée sous une tente.

Tout le monde ici se promène,
Vers l'hôtel de dame Baleine,
Trois cents pas au-dessus du Cours
Auquel hôtel on voit toujours
Des carrosses en abondance,
Des dames de belle prestance...

(C'est-à-dire sur la hauteur de Chaillot).

Sur la pente orientale de la colline de Chaillot, voici le château que fit construire la veuve de Henri II, Catherine de Médicis, et qu'habita le fameux maréchal de Bassompierre, celui qui, faute d'un verre adéquat à sa capacité, buvait dans sa botte, laquelle était fort grande. A Chaillot, Bassompierre se signale par de telles excentricités, que Richelieu jugea sage de l'envoyer méditer à la Bastille pendant une douzaine d'années. Cet extravagant personnage nous apprend dans ses Mémoires qu'avant de se laisser enfermer, il avait brûlé six mille lettres d'amour. C'était beaucoup pour un être si corpulent !

Au milieu du Grand Siècle, le château profane du Maréchal de Bassompierre est devenu un lieu d'édification, rien moins que le cloître de la Visitation, fondé en 1651 par Henriette de France, fille de Henri IV et reine d'Angleterre.

Vers l'Ouest, le domaine de ce couvent avoisine celui des Bonshommes; il commence à la colline du Trocadéro qu'on appelle alors la montagne de Chaillot et s'étend en pente jusqu'à la Seine. Les gravures de Pérelle et d'Israël Sylvestre nous le montrent dominé par la butte des moulins de Passy.

De cette montagne de Chaillot, on découvre, nous apprend un contemporain, l'auteur du *Cyrus*, un paysage magnifique. Il décrit comme l'une des plus belles choses qui puissent tomber sous la vue l'« Arrivée à Paris du côté de cette hauteur d'où l'on découvre une vaste plaine au milieu de laquelle passe en serpentant le fleuve » dont « les eaux sont si pures que celles des fontaines les plus vives et les plus fraîches ne les égalent pas. » Reconnaissons humblement que, là encore, les choses ont bien changé depuis le Grand Siècle.

A l'encontre de celui des Bonshommes, cet Ordre des Visitandines est un ordre élégant et de haute éducation. Au couvent de Chaillot la reine Henriette y séjourne longtemps; Mazarin y fait élever ses nièces dont l'une, Marie de Mancini, rêvera un moment de se faire épou- par Louis XIV adolescent. Délaissée, Mlle de la Vallière s'y réfugie à deux reprises. C'est dans la chapelle de ce couvent très à la mode que Bossuet affirme sa réputation d'orateur sacré, en prononçant la belle oraison funèbre d'Henriette de France.

A Chaillot, comme un peu plus en aval de la Seine, à Passy, on aime à *régaler*, ainsi qu'on dit, les dames. Ce sont des lieux où l'on va volontiers se promener en bateau. Écoutons le batelier :

A Chaillot ! A Chaillot ! Allons, un sol, chacun,

C'est par un clair dimanche d'été. Le père, la mère et les enfants sont désireux de se divertir:

Je porte (dit le premier) *avec du vin, un bon pâté d'éclanche*
Pour un sou, nous aurons un carrosse à courtaux
Qui n'a pour le mener, ni cocher, ni chevaux
Mais la Marne et la Seine, ainsi que quelque voile !
Conduit par un cocher vêtu de grosse toile !

....

A Chaillot, à Chaillot (répète le batelier) *allons, un sol chacun !*

Mais la femme dédaigneuse :

Nous ne désirons pas être avec le commun.

Et l'homme appuyant :

Nous voulons un bateau pour notre compagnie.
Le batelier « *paraît avec son bateau couvert* » :

— Monsieur, en voilà un !

Ils montent, et voguent, passent devant les Bons-hommes, et abordent pour aller au bois de Boulogne faire leur repas sur l'herbe. Mais au retour, ils faussent compagnie au batelier qui les attendait :

Il faut que mon bateau je ramène aux Bonshommes.
Peut-être en m'en allant trouverai-je quelqu'un.
A Paris ! A Paris ! allons, un sol chacun !

Cette scène, empruntée à une comédie de 1664, intitulée *Alizon*, nous permet de nous rendre compte que la promenade aux champs — pour les petits bourgeois de Paris, — ressemblait déjà beaucoup, au XVIIe siècle, à ce qu'elle est de nos jours.

Pour se rendre à Passy ou à Auteuil, quand il ne trouvent pas, comme les modestes héros d'*Alizon*, un bateau de louage, ou quand ils n'ont point un carrosse pour leur usage, les Parisiens doivent prendre le coche d'eau, faisant le service du Pont-Royal au Pont de Sèvres. Ce coche d'eau ne fonctionne d'ailleurs que pendant la belle saison. C'est lui qu'utiliseront Molière et Chapelle. A leur exemple, poursuivons notre voyage vers Passy et Auteuil et chemin faisant, arrêtons-nous aux Bonshommes. Qui ne se souvient de la plaisante aventure, racontée dans ses Mémoires, par le Cardinal de Retz ?

Un beau soir de l'an 1642, de Retz rentre en carrosse à Paris avec la duchesse de Vendôme, en compagnie de Turenne, lorsqu'ils surprennent une bande de religieux de l'Ordre de saint-François de Paule en train de prendre en cachette un bain dans la Seine. La règle de l'Ordre, nous l'avons vu, était pourtant formelle. Les Bonshommes ne devaient jamais changer de vêtements. Pour une fois qu'ils les avaient quittés, ils n'avaient vraiment pas eu de chance. Les voyageurs rirent beaucoup de la rencontre; l'histoire, comme on pense, eut le plus grand succès à la Cour comme à la Ville.

C'est au XVIIe siècle que l'existence légale de Passy est reconnue. Grâce aux efforts de Messire Claude Chahu, Conseiller du Roi et Trésorier général des Finances, et de sa digne femme Christine de Heurles, en mai 1672, Passy devient une paroisse indépendante.

A Passy, jusqu'au déclin du XVIIe siècle, le manoir des seigneurs féodaux subsiste. Le père Le Moyne, l'auteur du poème de *Saint Louis*, nous en a laissé une description datée de 1670. Ce religieux venait séjourner à Passy durant les vacances chez Mme Christine Chrestienne de Heurles, veuve de Chahu, alors dame de Passy :

Le Passy, d'où je vous écris
Au pied d'an espalier de poires, d'ambre gris,
N'est qu'à deux pas du lit où la Royale Seine
Aux yeux de Paris se promène.

Après Christine Chahu, la terre de Passy deviendra la propriété d'un M. Orceau ; M. d'Orsigny en fera l'acquisition et la revendra ensuite à M. de Fontaine, conseiller du roi, ancien commissaire des galères de France.

Celui-ci fait construire le nouveau château en 1678. C'est un fort beau bâtiment élevé sur le sommet de la colline qu'on découvre de la route de Versailles et qui semble protéger tout le pays. Deux gros pavillons, que sépare un grand corps de logis, se présentent d'abord aux regards. Vient ensuite une chapelle de forme ovale, décorée de pilastres ioniques et dont le plafond forme un dôme éclairé par un lanternon : le tout entouré d'un parc de vingt arpents, y compris le potager.

La seigneurerie de Passy se transformera encore en passant dans la famille du fameux Samuel Bernard, le Rothschild de l'époque.

Passy est bien loin d'avoir, au XVIIe siècle, la vogue qu'il connaîtra au siècle suivant. Ses eaux pourtant sont déjà connues et fréquentées. Dès 1658, une première source minérale a été mise en exploitation par un médecin nommé Le Giore, comme ferrugineuse et laxative.

« Semée d'hôtels agréables d'amour » (ainsi qu'on lit dans une pièce de 1649), la banlieue parisienne se voit dotée, sous le règne de Louis XIV, de ce qu'on appelle les *guinguettes* :

Le dimanche et les lundis
Je cours de guinguette en guinguette,
J'y retourne les mardis
Et mercredis
Et dans ces douces retraites
Je passe aussi les jeudis
Et vendredis
Amour, serait-ce la peine
D'en sortir les samedis ?
Non, comme j'ai commencé la semaine,
Avec Bacchus, je la finis.

En ces plaisants endroits, on boit ferme. On vient faire collation (comme on disait) et dans ces collations, on fraternise plus que de raison. Un personnage d'une pièce de Dancourt intitulée l'*Impromptu de Surêne* parle d'une collation dans une guinguette à Passy, collation à laquelle prirent part lui et son laquais, une dame accompagnée de sa femme de chambre et le cocher qui les avait amenés : « *Nous cinq tête-à-tête.* » Les guinguettes de Passy comme toutes les autres guinguettes, sont, vous n'en doutez pas, des endroits propices aux bonnes fortunes. Le passage qui suit, de la même comédie de Dancourt, nous l'apprendrait, s'il en était besoin : « En arrivant à Paris, je me dis d'abord à moi-même : « Il te faut une occupation, Chevalier. Cherchons des belles ! Je m'en informe. On me mène au Cours *(au Cours la Reine)* on n'y voit les visages qu'au travers des glaces des carrosses ; ce sont des pastels ; je n'achète point chat en poche, je veux connaître. Je vais aux Comédies, à l'Opéra ; maintes beautés, toutes brillantes, mais, aux chandelles, cela m'est suspect. Ma bonne fortune me conduit à la guinguette, j'y vois sans glace et sans chandelle cette belle dame en plein jour... « Et la belle dame est une veuve qui en oublie son veuvage. »

Passy a ses eaux et ses guinguettes, mais Auteuil attire et retient le beau monde, celui des honnêtes gens.

Un texte de l'année 1680 nous montre comment, dans « la prairie d'Auteuil », l' « on fait le Cours ».

Nous sommes en automne. Des hommes et des dames de qualité, de Paris, sont venus à la campagne du côté d'Auteuil. Et la prairie de ce village nous apparaît l'après-dîner « remplie de beau monde » à la promenade; les carrosses vont et viennent, tandis que circulent des paysannes vendant des fruits.

Le village d'Auteuil est remarquable, nous rapporte un « contemporain » par la quantité de jolies maisons que plusieurs particuliers ont fait bâtir avec « assez de dépense pour y passer agréablement la belle saison de l'année ».

Voulez-vous qu'un après-midi d'été, nous fuyions la grande ville, avec les personnages de cette petite pièce : l'*Ambigu d'Auteuil*, et que nous allions visiter quelque maison amie de cet aimable village?

Après avoir salué et complimenté la maîtresse de la maison, nous prenons quelque repos, puis, sur son invitation, la compagnie va se promener dans le parc de cette demeure et, par une porte de derrière, à l'entrée du bois de Boulogne, « qui est, en ce lieu, » d'une futaie charmante et vénérable par son antiquité. Mais c'est l'heure de rentrer au salon où l'on a servi un « excellent ambigu ». La fraîcheur des fleurs et des fruits y est mêlée au fumet des viandes les plus délicates, et sept ou huit sortes de liqueurs exquises augmentent la disposition générale à la joie.

A sept heures, nous sortons de ce salon, pour voir, du haut d'une terrasse, le soleil se coucher dans la Seine. Toute la compagnie s'est assise à une table de marbre, sous un berceau de jasmins, et se livre à une conversation qui fait avec grâce le tour des choses. Et voici que, dans la gloire du couchant, une musique de hautbois, de flûtes et de tambours semble s'élever de l'eau ; l'officier qui doit monter le lendemain la garde à Versailles s'est fait accompagner de ces instruments jusqu'à Meudon où il va coucher, et comme il connait la maîtresse du logis, il arrête son bateau devant la maison et lui offre cette sérénade.

On échange, du haut de la terrasse, des compliments, puis, comme la nuit tombe, la compagnie rentre au salon où sont disposées des tables à jouer : d'un côté le piquet, de l'autre le trictrac. Ceux qui ne jouent pas regardent le jeu ou devisent. La maîtresse de la maison explique qu'elle a trouvé à propos de donner à jouer le soir chez elle, afin de profiter du commerce de quelques personnes d'esprit qui viennent « dans son village, se délasser de l'embarras de Paris » ; cependant minuit sonne à l'horloge de la paroisse et un moment après à la pendule du salon.

On sert le *media noche*, la collation de minuit, qui retient encore durant une heure la compagnie à table ; après quoi, l'une des dames se met à chanter d'une manière à ravir tous ceux qui l'écoutent et une autre danse le menuet et une sarabande d'une grâce à charmer tout le monde.

Enfin, l'on songe à s'aller coucher ; la maîtresse de maison mène les dames dans les appartements qu'elle leur a destinés, puis elle revient montrer aux hommes leurs chambres qui donnent sur le salon. Mais ceux-ci ne tardent pas à en sortir pour se retrouver au salon et, après s'être fait préparer du thé, ils ordonnent à leurs gens de se retirer et causent, heureux d'être à la fois si loin et si près de Paris.

La saison d'Auteuil, c'est surtout une saison d'automne, la saison des vendanges. Une pièce de 1680 nous montre plusieurs personnes considérables de l'un et l'autre sexes, résolues à aller passer ce temps à une lieue de Paris, du côté d'Auteuil, où se récolte un bon petit vin. Les jours s'écoulent au sein des plaisirs ; un soir, la collation est apportée au pied d'une vigne que l'on est en train de vendanger. On arrive en carrosse et, avant de prendre le repas, on se met à la cueillette des raisins, puis, la nuit commençant à tomber, on s'en retourne souper gaiement. Les dames de la cour et de la ville se plaisent aux vendanges, qui sont pour tous une source de plaisirs ; pendant que les fêtes se succèdent dans les belles demeures, il y a sous l'orme, des hautbois et des musettes, qui font danser les vendangeurs :

Garçons et fillettes,
Aiguisez vos serpettes,
Profitez de l'automne et de votre printemps.
Quand vous serez à l'hiver de vos ans
Adieu paniers, vendanges seront faites.

Auteuil, comme d'ailleurs Neuilly, a également sa saison des bains. « Quelque temps après qu'ils furent mariés (nous rapporte-t-on d'un jeune couple) elle eut une légère indisposition pour laquelle les médecins lui ordonnèrent de se baigner. Elle résolut d'aller à une maison que son mari avait, qui n'était qu'à deux lieues de Paris, proche de la rivière, la saison et le temps étaient propres alors à prendre le bain », et, durant deux mois environ, cette jeune femme fait sa saison de bains de rivière.

Les dernières années du XVIIe siècle voient, d'ailleurs, un développement de la société parisienne à la campagne. A la promenade, aux champs, encore plus qu'à la promenade de la ville, triomphe la Parisienne, et dans le cadre avenant des jolies demeures d'Auteuil, passent et repassent les amoureux. Que la journée soit propice, l'on part en tête-à-tête : lui la mène promener à quelque belle maison des environs de Paris « et s'acquitte » de ces parties avec toute la galanterie d'un amant.

Ou bien, ils se sont donné rendez-vous en quelque jardin de ces beaux lieux. L'amoureux attend, « couché au bord d'une fontaine », mais le temps passe et, « tout rêveur », il s'en va dans « le petit bois... au bout du jardin » ; les animaux de la forêt attirent son attention : « Innocentes créatures, pense-t-il, bien avant Jean-Jacques, que votre destinée est heureuse ! Les rochers et les affreuses retraites que vous occupez sont plus agréables que le commerce du monde ! » Et le front soucieux, il retourne au jardin qui s'éclaire subitement pour lui, car l'amoureuse est là, se promenant « dans un parterre de fleurs ». Et tous deux s'enfoncent « en ces allées profondes, couvertes, agréables », où, assure le bon La Fontaine, « je me plairais extrêmement à avoir une aventure amoureuse ».

C'est là, en effet, le décor approprié à la vie sentimentale du temps. C'est à travers les beaux promenoirs, dans la nature arrangée, que l'on distingue les formes toutes aimables des bergers et des bergères des Bucoliques, ou que l'on sent l'âme antique des choses.

J'ai nommé La Fontaine. S'il ne fut point propriétaire à Auteuil, il n'en fut pas moins un hôte très assidu de ce charmant village.

Qu'avait-t-il besoin d'y élire domicile, quand il y était reçu par Mme de la Sablière et par Mme d'Hervart; quand il y venait faire visite à ses amis, Racine, Boileau et Molière, petit groupe étroitement uni, dont le fabuliste était le boute-en-train et auquel s'ajoutait soudain le joyeux Chapelle.

On sait comment, dans sa *Psyché,* La Fontaine a montré les quatre illustres amis « *pèlerinant* à Versailles ».

C'est à Auteuil, dans une petite maison faisant vis-à-vis à celle de Molière, que Jean Racine écrivit ce chef-d'œuvre d'esprit : *Les Plaideurs,* dont les vers délicieux sont sans doute les plus beaux vers comiques que possède la scène française.

A cette époque, le vrai patriarche littéraire d'Auteuil, c'est pourtant Boileau, dont le bien est devenu le hameau qui porte son nom. En 1687, l'auteur des *Satires* acheta 8.000 livres sa maison d'Auteuil, ni belle, ni laide, dans laquelle un vrai cénacle devait se réunir. Pendant vingt ans, Boileau y vécut, visité et choyé, tenant table ouverte, faisant chaque jour sa partie de quilles et envoyant, en voisin, ses fruits à Mme Racine, pour qu'elle en fît des confitures. « Il est heureux comme un roi, disait de lui Racine, dans sa solitude, ou plutôt dans son hôtellerie d'Auteuil. Je l'appelle ainsi, parce qu'il n'y a point de jour où il n'y ait quelque nouvel écot, et souvent deux ou trois, qui ne se connaissaient pas trop les uns les autres. Il est heureux de s'accommoder ainsi de tout le monde ; pour moi, j'aurais cent fois vendu la maison. » Cette maison, Boileau finira par la vendre, mais ce ne sera que quand ses infirmités lui auront rendu la vie plus difficile et la conversation tout à fait pénible.

Ce fut sans doute Molière qui révèla à Despréaux le charme d'Auteuil. Vingt ans avant que Nicolas n'y installât ses pénates, Jean-Baptiste Poquelin y avait une maison de campagne, dont le numéro 2 de la Grande-Rue d'Auteuil occupe sans doute l'emplacement. M. André Hallays, et tout récemment M. Edmond Pilon, ont consacré à cette demeure des pages élégantes et émouvantes. Sur ce séjour de Molière à Auteuil, les anecdotes ne manquent point. Retenons seulement celles-ci :

Un jour, Molière, assez souffrant, charge son ami Chapelle de le remplacer auprès de ses hôtes.

Bon vivant et meilleur buveur encore, Chapelle remplit son rôle avec une telle conviction que la fin du souper fut d'une gaieté folle. On boit plus que de raison, et même le sage Boileau (il prisait fort le champagne) perd la tête. Soudain la conversation, tout d'abord vive et animée, prend une tournure mélancolique. On parle des misères de la vie. Tant et si bien qu'un des convives propose un remède suprême aux tristesses de ce monde et convie toute la compagnie à s'aller noyer en Seine. Chacun d'applaudir à cette belle idée. On quitte la table avec fracas et tout le monde se hâte vers la rivière toute proche. Molière, réveillé, et qui s'était levé au bruit, rejoint ses amis et, mis au courant de leur résolution, les rejoint et leur dit : « Ce n'est pas au milieu de la nuit que nous devons accomplir une action aussi mémorable. On dira que nous avons agi comme des gens ivres. Croyez-moi, attendons le grand jour, et alors, en plein soleil, à la face du monde entier, nous irons tous ensemble nous jeter à l'eau. »

La chose est donc remise au lendemain. Chacun regagne son lit ; la nuit dissipe les fumées du vin, et le lendemain, en effet, Molière n'a nul besoin de s'entremettre à nouveau pour empêcher ses amis d'aller finir leurs jours dans la Seine.

Une autre anecdote nous est narrée par Chapelle, le fidèle compagnon de Molière. Un jour que tous deux rentrent à Auteuil par le coche d'eau, ils se trouvent en compagnie d'un religieux d'aspect très réservé. La conversation tombe sur les théories de Descartes et de Gassendi ; Molière et Chapelle, en complet désaccord, s'animent fort, prenant pour juge leur compagnon de route, chacun faisant valoir ses arguments, et le moine leur répond alternativement par un *Hem* ou un hochement de tête. Les interlocuteurs redoublent d'arguments persuasifs, lorsque, arrivés à l'escale de Passy, le moine prend sa besace de mendiant et se retire sans souffler mot. C'est un minime des Bonshommes, absolument illettré, qui n'a rien compris à la transcendante discussion des deux amis. Sur quoi, Molière tire la morale de l'aventure, en disant à Chapelle : « Voyez ce que vaut le silence, lorsqu'il est observé avec conduite. »

Ce séjour de Molière à Auteuil fut sans doute assez mélancolique. Avec M. Edmond Pilon, nous pouvons croire que l'auteur de *L'École des Maris* y vint rêver autant à ses infortunes d'homme qu'à ses triomphes d'artiste.

De celles-là , il faut dire — et M. Maurice Donnay l'a fait dans une œuvre délicieuse — qu'elles n'étaient pas moins grandes que ceux-ci. « Molière-Sganarelle, Molière-Arnolphe, Molière-Alceste, Molière amant ou mari n'était pas heureux. Alors, comme tous ceux que trouble l'inquiétude, dont le cœur est ravagé de crainte et de soupçon, ce grand homme aimait parfois à s'enfuir de Paris, à se réfugier à la campagne, cette campagne d'Auteuil, que son ami Boileau devait rechercher et goûter de son côté. Mais tandis que, dans son jardin bordé « d'if et de chèvrefeuille », le sévère Boileau, sarcastique, railleur, un peu sourd, n'aspirait pas à un bonheur plus grand que celui de jouer aux quilles ou d'écrire contre les femmes, c'était à des pensers plus doux et plus amers ensemble que se laissait aller ce Poquelin, qui avouait lui-même à Chapelle qu'il était né « avec les dernières dispositions à la tendresse ». Ainsi, sous ces ombrages d'Auteuil, que devaient rechercher, plus tard, jusqu'aux temps de Franklin et de Mme Helvétius, tant d'hommes spirituels ou de femmes charmantes, Molière venait chercher une diversion et un oubli aux chagrins que lui valait la conduite d'Armande.

Armande, cadette de Madeleine Béjart, devenue *Mademoiselle Molière*, causait bien du trouble et de l'humeur à son mari. C'était après l'intrigue que cette belle avait eue avec le comte de Guiche. Molière, si nous en croyons Grimarest, ne s'en consolait pas. De « cette touchante scène » qui se passait à Auteuil comme l'a écrit Sainte-Beuve, entre Molière et son compagnon des beaux jours qu'était le franc Chapelle, le petit jardin rural, le jardin du comique, conserva longtemps, avant de disparaître, une teinte élégiaque, une mélancolie attristée. »

« Au moment où prennent fin les fêtes du tricentenaire de notre plus grand auteur de théâtre, écrivait ces jours-ci M. Edmond Pilon, il est bien, il est bon de s'arrêter un peu devant ce banc d'Auteuil où Molière aimait à venir rêver, à s'attendrir. Le jardin de Molière, ce n'est pas celui de La Bruyère où poussaient toutes les espèces de tulipes, ni celui de Mme de La Fayette où il y avait un pavillon ménagé pour les soupirs, et non plus ce n'était pas le jardin bien taillé de Boileau, le jardin de la Margot de La Fontaine, où « poussent l'oseille et la laitue ». C'était un jardin bien particulier, un peu sombre, avec un banc moussu, du repos, du silence, tout ce qui convient à un cœur misanthrope.

Avant Molière et Racine, avant La Fontaine et Boileau, le village d'Auteuil avait compté un hôte non moins illustre : le cardinal de Richelieu, qui y fit construire, sur l'emplacement de l'actuelle rue Erlanger, le château du Coq, ainsi nommé parce que dès le chant du coq, le cardinal avait coutume de se lever et de s'occuper des affaires du royaume.

Le château de la Meute, ou mieux de la Mute (par allusion à la mue des cerfs), n'est encore qu'un pavillon de chasse, celui-là que créa le caprice cynégétique de Charles IX, la Mute qui, bientôt — sans doute pour marquer la discrétion du lieu — va s'appeler la Muette.

Aux confins du Bois, vers Neuilly, Madrid, le beau Madrid de François 1er est fort négligé. Louis XIII l'a utilisé également comme rendez-vous de chasse. Sous la Fronde, le conseiller Broussel y fut enfermé et, par la suite, l'industrieux Mazarin a installé dans cette résidence royale — ô décadence ! — les premiers métiers à tisser les bas de soie. Où sont les fantômes de François Ier et de ses belles amies, ceux d'Henri II et de Diane de Poitiers, de Charles IX et de Marie Touchet, de Henri III, qui donna au château de Madrid de grandes courses de taureaux, de Henri IV, de la belle Gabrielle et de la fameuse reine Margot, à laquelle nous devons cette belle avenue du Bois, qui porte son nom, et qui va de la porte de Madrid à Boulogne ?

Le Bois de Boulogne sert à divers usages. C'est, d'abord, un parc royal destiné à la chasse. Le petit roi Louis XIII y va « courir le loup », le 15 décembre 1610, et en prend deux. Nous l'y voyons se livrer à une chasse plus paisible, le 28 mai 1614 : il tire et tue des oiseaux, entre autres un loriot et une orfraie. Nous y retrouvons, dans les mêmes circonstances, le jeune roi Louis XIV.

Le Bois de Boulogne est aussi, comme de nos jours, un terrain de revues militaires et de courses de chevaux.

La physionomie du Bois, en tant que promenade, se précise sous Louis XIV. « Ce bois, rapporte Nemeitz à la fin du règne, est souvent visité, principalement les dimanches et fêtes, et il s'y fait « beaucoup de parties de plaisir ». On y va avec une femme « manger une matelotte ». C'est un endroit où l'on aime à s'égarer en galante compagnie. »

Une comédie de Mongin, intitulée *Les Promenades de Paris*, et jouée par les comédiens italiens à l'hôtel de Bourgogne, en 1695, nous présente, sous cet aspect particulier, le Bois de Boulogne. Un homme de robe y donne une collation à une jeune fille de qualité, fort coquette et qu'il se propose d'épouser :

Le Bois de Boulogne est discret
Et l'on aurait bien de quoi rire
Si ses échos et ses oiseaux
Chantaient et redisaient ce qu'ils entendent dire.
Mais tout se tait sous ses ormeaux,
Et ce que tous les jours un chacun leur confie
Marque assez qu'il faut qu'on s'y fie.

. . . .

Comtesses et marquises,
Du fiacre sont tellement éprises,
Qu'elles quittent des chars tires à six chevaux
Pour s'en venir en fiacre ici, sous ces ormeaux.

Discrètement, elles montent dans la voiture de louage aux Quinze-Vingts, à l'Arsenal. Le fiacre (on appelle de ce nom le cocher aussi bien que sa voiture), à son tour, est discret :

On me paye ici pour garder
Et les manteaux et le silence.

Et c'est ainsi que s'accomplit ce qu'on appelle alors, non moins discrètement, « un mariage du Bois de Boulogne ».

Mesdames, messieurs, ne quittons point le Bois, où, dès le matin, il est si doux, au printemps, de se promener.

Seulement, vous, mesdames, et vous aussi, messieurs rejetez la défroque majestueuse du Grand Siècle ; mesdames, la chevelure à l'*hurluberlu* ne saurait vous convenir trop longtemps ; confiez votre tête à Léonard pour qu'il vous la coiffe à l'*Iroquoise* ou à *la Belle-Poule* et poudre à frimas ces échafaudages compliqués ; Mlle Leblanc, marchande de frivolités, vous passera une jupe aux grands paniers enguirlandés de fleurs des champs, une veste à basquines, et, crainte du serein, posera sur la neige prématurée de vos cheveux un chapeau bergère, et, sur votre gorge, un fichu à la Dauphine ; et vous, messieurs, non moins poudrés, le catogan battant sur la veste à la française en soie rayée et chinée, vous évoquerez les charmantes estampes de Lawrence et de Moreau le Jeune.

La Semaine Sainte n'est pas loin de nous. C'est le moment de gagner Longchamp avec toute la Cour et toute la Ville.

La Révolution fera disparaître les derniers vestiges de l'Abbaye célèbre, fondée en 1260 par la pieuse Isabelle, sœur de saint Louis.

Au XVIIIe siècle, l'office du Vendredi-Saint, l'office des Ténèbres, à l'abbaye de Longchamp, est devenu un tel spectacle que l'archevêque de Paris doit fermer la chapelle. Après Fontenoy, tout le monde accourt pour entendre chanter Mlle Le Maure, de l'Opéra, qui, dans un désespoir d'amour, a pris le voile à l'Abbaye. La chapelle pourra bien être fermée ; l'habitude est prise, dès les premiers beaux jours, Parisiennes et Parisiens s'en iront promener à Longchamp. Cette promenade fameuse qui se perpétuera jusqu'à nos jours, prend peu à peu les allures d'une exposition de modes nouvelles.

Sous Louis XVI, cette fête des toilettes printanières atteint son apogée d'extravagance. Les dames de qualité et les femmes de théâtre rivalisent de folie. On admire des carrosses en porcelaine, attelés de chevaux harnachés de soie et d'or ; un Anglais y parade dans une voiture d'argent, rehaussée de pierres précieuses.

« Une des choses qui, à Paris, devaient le plus m'étonner, écrit le baron Thiébaut dans ses *Mémoires,* et qui me frappèrent de la manière la plus vive, ce furent les promenades de Longchamp, dont l'origine fut si édifante, dont la suite fut si scandaleuse.

« On ne peut plus se faire une idée de ce que furent ces promenades pendant les dernières années qui précédèrent la Révolution. Tout ce qu'une ville immense une cour brillante et somptueuse, de grandes fortunes et des prodigalités qui n'étaient limitées que par l'impossibilité de les dépasser, tout ce que la rivalité des peuples les plus riches, la mode d'un peuple le plus fou, pouvaient enfanter et produire de plus magnifique en ce genre, se trouvait là. Ce qui était beau y paraîssait vulgaire, ce qui était simple y excitait des huées...

« Si l'on admirait les calèches des princes et de la reine, les équipages de quelques grands personnages français et étrangers, il n'en est pas moins vrai que tout cela le cédait à l'extravagante recherche de quelques Phrynés. Je me rappelle à ce sujet, mais sans rien savoir des détails, si ce n'est que les jantes des roues étaient en flèches, une calèche bleu de ciel, sur laquelle et à travers de légers nuages voltigeaient des amours ; calèche montée par deux femmes, éblouissantes de parure et de beauté, et traînée par quatre chevaux isabelle, queue et crinière blanches, tout harnachés en argent ciselé ou en broderies d'argent, les rênes y comprises. »

Dans ses curieux souvenirs, Mme de Créquy nous montre la Duthé, demoiselle de l'Opéra et belle amie du comte d'Artois osant paraître, au Bois, le Vendredi-Saint, à la promenade de Longchamp, en maillot rose, dans un carrosse dont les moyeux des roues étaient en argent massif ; les huit chevaux blancs ferrés d'argent, harnachés d'or et de soie gros vert, portant (ce qui était de sa part une suprême indécence) des panaches ! La caisse, décorée d'amours, de chiffres et d'arabesques, par le plus célèbre peintre du genre, élève de Boucher, et capitonnée de sachets aux parfums suaves, était portée sur une conque dorée, doublée de nacre, que soutenaient des tritons en bronze. Sur cette conque reposait la Duthé, en maillot de taffetas couleur de chair et collant, recouvert d'une chemisette d'organdi très claire ; elle était coiffée d'un chapeau de gaze noire « à la Caisse d'Escompte » c'était un mot — cela voulait dire : sans fond.

Je dois ajouter que les choses tournèrent fort mal : la Duthé huée, sifflée, on l'empêcha de se mettre en ligne dans les files et, finalement arrêtée, elle fut conduite au Fort-Lévêque.

Le baron Thiébaud rapporte que la promenade de Longchamp jouit, jusqu'en 1789, d'une vogue de plus en plus extraordinaire. Elle perd alors de son éclat pour s'éteindre à peu près complètement pendant la Terreur.

C'est seulement sous le Consulat qu'elle reprend un peu de vie. Mmes Récamier et Tallien en seront les nouvelles reines et s'y disputeront le prix de l'élégance, de la beauté et de la fortune.

Dès lors, ces « fêtes » de Longchamp resteront la grande cérémonie d'ouverture des modes de l'année. Il est assez piquant de voir résister si longtemps et à tant de bouleversements, un usage aussi frivole dont le but apparent, la promenade aux offices, n'existe plus.

Les *J'ai vu*, de Millevoye, sont une vive impression de Longchamp de 1801.

J'ai vu cette brillante fête
Fête des grâces, des amours,
Que trois mois d'avance on apprête
Et dont on s'occupe trois jours.

J'ai vu la foule confondue
Revenir, au déclin du jour,
Par la longue et sombre avenue
De ce bois planté par l'amour.
Où, dit-on, à l'hymen, son frère
Le fripon joua plus d'un tour !...

Plus tard encore, dans ses *Lettres parisiennes*, Delphine Gay (Mme de Girardin) donnera, de la promenade à Longchamp, un rapide croquis, tel un défilé de Sem. C'est le 17 avril 1840 :

« 6 heures du soir. Nous revenons de Longchamp; c'étaient de véritables Champs-Elysées ! Des ombres errantes traversaient à pas lents des nuages de poussière. La vision pour nous a duré une heure. Première apparition : un prince russe à quatre chevaux. Seconde apparition : une dame bleu de ciel, robe décolletée, écharpe iris, ombrelle chinée, un milord découvert (car il y avait peu de lords, mais beaucoup de milords). Troisième apparition : une célèbre étrangère à quatre beaux chevaux avec courrier, postillons et voitures de suite. Quatrième apparition : un fiacre tout neuf, du meilleur goût, n° 518. Cinquième apparition : calèche découverte à quatre jolies femmes ; une capote vert-pomme délicieuse, une autre paille et velours adorable. Sixième apparition : voiture prétentieuse, livrée fantastique, cocher nègre. Septième apparition : une tapissière toutes voiles déployées, contenant des passagers innombrables : pilote cramoisi. Huitième apparition : cavalcade d'élégants ; chevaux de pur sang : cheveux et barbe poudrés. Neuvième apparition : douze voitures de briquets phosphoriques. Dixième apparition : une belle femme avec un joli enfant dans une calèche anglaise. Onzième apparition : un landau peuplé de chiens et de manchons, chenil roulant... Douzième apparition : une grosse femme en grand deuil riant aux éclats dans un cabriolet de louage... Et tous les badauds revenaient en disant : « Jamais Longchamps n'a été plus beau que cette année ! »

C'est la phrase ancienne et toujours nouvelle, c'est la ritournelle des gazettes de nos jours ; elle ne s'applique plus au Vendredi-Saint, mais aux journées du Grand-Steeple ou du Grand Prix de Paris. Mais, hélas ! si pour quelques-uns, fidèles à de vieilles traditions, il y a encore des obligations et des usages dans la tenue, pour le plus grand nombre c'est le laisser-aller, la liberté, et tout finit dans la cohue.

De Longchamp, comment ne pas revenir par Bagatelle ?

Bagatelle qui, après avoir appartenu à cette joyeuse Mlle de Charolais, dont le portrait en religieuse de Saint-François inspira à Voltaire ce fameux quatrain :

Frère Ange de Charolois,
Dis-nous par quelle aventure
Le cordon de Saint François
Sert à Venus de ceinture ?

Bagatelle, où Louis Louis XV retrouvait les trop aimables filles du marquis de Nesles ; Bagatelle est devenue , en 1775, la propriété du comte d'Artois.

Bientôt s'élèvera le *petit casin de Belanger,* qu'a heureusement sauvé la Ville de Paris ; et les jolis jardins anglo-chinois qu'ennoblit, au milieu d'ombres profanes, le délicat fantôme de Marie-Antoinette.

En pleine Terreur, un décret de la Convention, proposé par Couthon, au nom du Salut public, assure la conservation de Bagatelle.

Des entrepreneurs de réjouissances publiques y installent des jeux, un bal, des guirlandes de lumières.

Bagatelle est le rendez-vous des « brillants cavaliers », écuyers charmants à « cadenettes et oreilles de chiens », qui viennent fronder et soupirer après le retour du roi. L'Héritier, qui a formé avec trois associés, une société pour l'organisation de ces fêtes, s'évertue à trouver des distractions nouvelles, des illuminations, des cortèges, et tout ce qui peut servir de prétexte à d'agréables promenades, dans la nuit des bosquets.

Durant la tourmente terroriste, les fourrés du Bois ont sauvé bien des malheureux.

Au fort de la Terreur, le représentant du Pape, l'abbé de Salomon, l'internonce promis à l'échafaud, échappé par miracle aux massacres de l'Abbaye, se réfugie « dans la partie la plus écartée du bois » et s'y cache « la mort dans l'âme et pas un sou dans sa poche ». En carmagnole, les habits en lambeaux, la barbe longue, muni d'un petit fourneau et d'une casserole, il vit de « légumes cuits sur un feu de brindilles ou de feuilles sèches » couchant « tantôt dans un kiosque abandonné où les habitants de Boulogne venaient danser le dimanche » tantôt sous bois, du côté de Bagatelle. près de la pyramide, non loin du château de Madrid, « où j'étais venu bien souvent, écrit l'abbé, du temps que M. de

Rosambo l'habitait » ; « et il me semblait ajoute-il que chacun de ceux que je rencontrais lisait sur mon visage que j'étais hors la loi et allait courir me livrer au bourreau. »

D'autres souvenirs moins tragiques, nous ramènent vers le Ranelagh et vers la Muette. La grande époque de la Muette date de la Régence et du séjour qu'y fit la fille de Philippe d'Orléans, cette étonnante duchesse de Berry, que les poètes contemporains comparaient à Messaline.

Les excès de toutes sortes dont le château fut alors le témoin, ne lui valurent pas une excellente réputation. Ne prétend-on pas que la fille du Régent alla jusqu'à faire installer un alambic dans les caves de la Muette, pour y distiller les eaux-de-vie enivrantes dont elle faisait ses délices ?

En 1717, le czar Pierre-le-Grand visite le château ; plus tard, Alberoni, ministre d'Espagne, tente d'enlever le Régent en plein Bois de Boulogne, tandis qu'il se rend de Saint-Cloud à la Muette. On sait que l'aventure se termina mal pour Alberoni, qui fut enfermé à la Bastille.

A la mort de la duchesse de Berry, qui aimait les jours rapides et les nuits longues, si bien que son printemps n'eut pas d'été, le Régent donne la Muette à Louis XV, qui l'agrandit. De vastes dépendances s'élèvent autour du château ; une laiterie, une orangerie, une faisanderie, dont une de nos rues indique l'emplacement. C'est à la Muette que Louis XV — et la du

Barry -- reçoivent Marie-Antoinette, lorsqu'elle arrive à Paris pour épouser le Dauphin.

C'est à la Muette qu'a lieu la première ascension en ballon. Pilâtre de Rozier et le marquis d'Arlandes s'élevent en montgolfière, le 21 octobre 1783, devant Louis XVI, le duc de Chartres, Franklin, et une population stupéfaite. Les audacieux aéronautes atteignent une altitude d'environ mille mètres et tiennent l'air un quart d'heure, ne disposant que d'un simple feu de paille pour assurer leur force ascentionnelle, après quoi, ils atterrissent heureusement à l'autre bout de Paris, à la Butte-aux-Cailles.

Il est surprenant de voir combien d'expériences se déroulèrent sur les pelouses de la Muette.

L'une des innovations qui se rattachent à l'histoire de la Muette remonte au XVIIe siècle.

Dans le journal de Dubuisson Aubenay, on lit, en effet, que le 15 mai 1651, il y eut prix et gage de mille écus pour course de chevaux au Bois de Boulogne entre le prince d'Harcourt et le duc de Joyeuse, le départ et l'arrivée devant avoir lieu à la barrière de la Muette. Ce fut le duc de Joyeuse qui gagna l'épreuve, « devant force gens de la Cour qui y assistaient ».

Ainsi la première course française remonte à l'année 1651, et le chroniqueur ajoute que le prince d'Harcourt fit la course vêtu d'un habit fait exprès et très étroit, un bonnet en tête, très juste, et ses cheveux dedans, ayant trois livres de plomb en sa poche, ce qui veut dire tout simplement que le prince portait une tenue de jockey.

C'est au château de la Muette également que se fit devant le roi, en 1722, le premier essai de fusil à répétition. Ce fut un nommé Deschamp, devenu plus tard directeur des manufactures de Saint-Etienne qui montra au jeune Louis XV un fusil avec lequel on pouvait tirer quarante coups de fusil en un quart d'heure. De fait, Deschamp réussi à tirer vingt coups en cinq minutes, ce qui était un record pour l'époque.

Une autre expérience eut lieu encore au château de la Muette. Buffon aurait tenté d'y perfectionner la vieille expérience des miroirs d'Archimède. Notre grand naturaliste, qui était à l'occasion physicien, se servit de fortes lentilles de verre pour mettre le feu à distance au moyen des rayons solaires.

Louis XVI et Marie-Antoinette, encore dauphin et dauphine, affectionneront cette résidence royale. C'est Louis XVI qui fera ouvrir en tout temps les portes du Bois de Boulogne, interdites au public, lorsque le roi séjournait à la Muette. Grand sujet de liesse pour la population parisienne ; la mode s'en mêlant, les dames de qualité adoptent la pelouse de la Muette comme lieu de promenade.

Le Ranelagh, lui aussi, est à l'honneur. Cette belle pelouse ombragée d'arbres magnifiques a longtemps servi pour les fêtes de la population.

On y venait danser en plein air, et Jean-Jacques Rousseau nous raconte que La Popelinière y jetait de l'argent aux paysans qui se ruaient pour le ramasser.

Lorsque Marie-Antoinette séjourne à la Muette, les dames de la cour ne dédaignent pas d'organiser des bals champêtres. Un sieur Morisan obtient l'autorisation de créer un salon de danse sur la pelouse, qu'il appelle le *Ranelagh*, du nom d'un établissement similaire à Londres. Le 25 juillet 1773, Marie-Antoinette en assure le succès, en assistant à l'inauguration de la salle. Le 21 avril 1780, la reine, logeant au château de la Muette, avec Mme de Polignac, ne dédaignera pas encore d'aller danser au Ranelagh et, ce soir là, la recette sera de 627 livres !

La vogue du Ranelagh complète celle des eaux de Passy.

Hélas ! la tourmente est proche. Aux noces royales succèdent les agapes fraternelles de la Fédération. Le 14 juillet 1790, les jardins de la Muette sont envahis par vingt-cinq mille soldats-citoyens, qui viennent prendre part au banquet que leur offre la Ville de Paris. Ce beau jour a un triste lendemain, et le château de la Muette, attaqué par une bande furieuse échappée des faubourgs de Paris, perd une grande partie de ses royales constructions.

Le Ranelagh devient un lieu de rendez-vous des patriotes, puis des muscadins, après Thermidor. On ne danse plus, on complote. L'établissement est fermé. Trenitz, le célèbre danseur, le fait rouvrir.

Les merveilleuses ; Mme Tallien, Mme de Beauharnais, Mme Récamier en assurent de nouveau le succès. Sous l'empire, Morisan y donnera des fêtes militaires. Il mourra au bon moment, car peu de jours après sa mort, les cosaques y viendront bivouaquer sur ses pelouses, et ses salons seront convertis en écurie, en hôpital et en « salles de correction ».

Une autre résidence — le Château du Coq — dont nous avons déjà parlé tout à l'heure — et qui, après la mort de Richelieu devient propriété royale, disparaît avec la monarchie. On y installa, pour le jeune Louis XV, des serres où l'enfant roi, pouvait apprendre la botanique. Il y apprit tout autre chose ; et il ne fallut rien moins, sous Louis XVI que la sainte présence de Mme Élisabeth, sœur du roi, pour purifier cette demeure peuplée de souvenirs fort peu édifiants.

Pour Auteuil, comme pour Passy, le XVIIIe siècle est une grande époque.

Autour des Génovéfains et du Château du Coq se sont formées de belles propriétés particulières.

Ici, le domaine de Boufflers, dont l'entrée fait face au Château du Coq, et dont le parc (le chemin de fer d'Auteuil en traverse l'emplacement) fut un des premiers en France, plantés à l'anglaise.

Une première comtesse de Boufflers fut célèbre sous Louis XV. Elle faillit épouser le prince de Conti :

admiratrice fervente de J.-J. Rousseau, elle sut réunir autour d'elle une pléiade d'hommes de talent, parmi lesquels l'Anglais Walpole.

Sa belle-fille brilla à la Cour de Marie-Antoinette et fut non moins connue par l'éclat de sa beauté ; emprisonnées toutes deux sous la Terreur, leur fortune fut compromise à tel point que leur propriété fut saisie et vendue.

Morcelé depuis, il ne reste du magnifique parc de Boufflers que la villa Montmorency.

En face de l'hôtel de Boufflers, s'élevait et s'élève encore, derrière un cinéma, l'hôtel de Verrières. Après l'avoir fait bâtir, une actrice, Mlle Autier l'avait cédé à ses sœurs, Mlles de Verrières, chanteuses d'Opéra, que protégeaient le marquis du Châtelet et le maréchal de Saxe. Celles-ci, femmes tout à fait spirituelles, firent construire dans l'hôtel un petit théâtre d'amateurs qui attira la Cour et la Ville. Dans le jardin qui existe toujours, de charmantes fêtes champêtres terminaient les représentations.

Ces demoiselles de Verrières, dont l'une fut l'arrière-grand'mère de George-Sand, devinrent très charitables dans leur vieillesse et laissèrent de vifs regrets à leur mort. L'hôtel traversa la Révolution et, restauré avec beaucoup d'art par ses propriétaires actuels, le duc et la duchesse de Camastra, il nous est arrivé intact, alors qu'il ne reste que le souvenlr des autres fastueuses demeures ses voisines.

C'est encore à Auteuil, dans un petit hôtel contigu au Château du Coq, que se trouvait l'un des salons les plus célèbres du règne de Louis XVI — celui de Mme Helvétius. Dans ce salon, tout ce que la capitale comptait de philosophes, d'écrivains, d'érudits se réunissait. C'est là sans doute que la Révolution de 89 a trouvé ses premières formules. La veuve de l'auteur du livre *De l'Esprit,* était d'ailleurs, d'une bienfaisance inépuisable et elle souffrait beaucoup de voir comment les évènements et les hommes avaient pu dénaturer sa pensée généreuse. Mme Helvétius s'éteignit dans son petit hôtel d'Auteuil avec le siècle.

Une grande amie de Mme Helvétius fut Mme de Condorcet. Devenue veuve, ses biens saisis, elle se réfugia à Auteuil, où elle mourut en 1822.

Mme Récamier, elle aussi, séjourna à Auteuil, dans l'ancienne maison de Racine, dont l'ombre dut frémir à la vue d'une beauté si touchante.

La Tour, familier du Château de Boulainvilliers, loua en 1750, une maison de campagne donnant sur l'emplacement du n° 59 de la rue d'Auteuil, c'est-à-dire tout proche de l'hôtel de Verrières. Ne soyons donc point surpris qu'il ait peint le beau portrait du maréchal de Saxe dans cette maison qu'il acquit en 1770.

Champfort, Ducis Cabanis, vécurent, eux aussi, à Auteuil, dont l'eau de la fontaine (de là le nom de la rue de la Fontaine) était si appréciée, si réputée que

Louis XV et Louis XVI résidant à la Muette, n'en voulaient point boire d'autre.

Mais au XVIIIe siècle, les eaux célèbres, les eaux qu'on vient prendre durant toute une saison, ce ne sont point celles d'Auteuil, mais bien celles de Passy.

En 1719, l'abbé Le Rageois, ex-aumônier de Mme de Maintenon, a découvert une nouvelle source. Il l'acquiert de M. de Lauzun, lequel après son veuvage, s'était retiré à Passy. Le bon air et la mode s'en mêlant, on convient que ces eaux guérissent de tous les maux, même de la stérilité. D'autres sources sont découvertes et, vers 1736, on nomme un directeur des principales eaux minérales de Passy, le sieur Belamy qui multiplie les divertissements, fait fleurir des parterres de roses, édifie une vaste maison avec salons de conversation et de lecture, et prend encore le soin d'ajouter à cette riche construction des salles de jeu, des salles de bal et un théâtre.

En 1724, Carlet fait jouer un opéra-comique intitulé : *Les Eaux de Passy ;* on les chante en 1836 dans le ballet des *Fêtes Galantes ;* en 1760, Naquet fait représenter *l'Heureuse Méprise ou les Eaux de Passy.*

Ces eaux occupent une partie du coteau reliant à la Seine le village de Passy — à quelques mètres de l'endroit où s'élèvera le pont de Passy.

En 1761, Voltaire adresse à Mlle Clairon ces petits vers galants :

L'un dans la main vous glisse un billet doux,
L'autre à Passy *vous propose une fête.*
Josse, avec vous, veut souper tête à tête,
Candide y soupe et rit tout haut de tous.

Mme de Tencin, au sortir de la Bastille, vint y rétablir sa santé délabrée.

Enfin, dans ses *Confessions*, Jean-Jacques Rousseau écrit qu'il fut un des clients de la station thermale : « Pour me tirer de l'urbaine cohue, je me rendis à la fin, et pus passer à Passy huit ou dix jours ».

C'est à Passy, où il descendit chez M. Mussard, qui avait « une retraite charmante » c'est à Passy que Jean-Jacques Rousseau commença d'écrire son *Devin de Village* ; c'est de Passy qu'il entreprenait ses longues randonnées dans le Bois de Boulogne, au cours desquelles il constituait le bel herbier que possèdent encore les descendants de la famille Delessert, et qui vient d'être donné au Musée Carnavalet.

Plus tard, de 1777 à 1785, on voit souvent passer dans les allées ombreuses le bonhomme Franklin, qui vient absorber son verre d'eau ferrugineuse.

Délaissées durant la Révolution, les eaux de Passy auront un regain de faveur sous le Directoire et le Consulat. Nous verrons mêmes que les lionnes romantiques ne dédaigneront pas d'y aller soigner leur *vague-à-l'âme.*

Passy, au XVIIIe siècle, ne possède que trois grandes voies pavées : la Grande-Rue (rue de Passy actuelle), qui fut la route de l'ancien village ; la rue Basse (rue Raynouard) et la rue Bois-le-Vent qui conduisait directement de l'église au Château de la Muette.

Sur la Grande-Rue de Passy s'ouvrent plusieurs hôtels appartenant à des personnes de qualité, entre autres l'hôtel de la Folie qui fut offert par Louis XV à une demoiselle de Romans, dont il eut un fils baptisé à l'église de Passy. La jeune femme rêva de faire légitimer son fils, mais le Bien-Aimé qui ne pouvait souffrir qu'on l'ennuyât, fit enlever l'enfant, et sa mère ne le revit que quatre ans après la mort du roi. Il était le portrait frappant de son père. Il entra dans les ordres et mourut peu avant d'être nommé cardinal.

A la fin du siècle dernier, après avoir appartenu, en 1840, à Jules Janin, l'hôtel de la Folie fut démoli, lors du percement de la rue Claude-Chahu.

Rue Basse, aujourd'hui rue Raynouard, s'élève l'hôtel de Valentinois, sur l'ancien emplacement de l'école des frères de la Doctrine chrétienne.

Ici, deux souvenirs d'inégale valeur :

Sous Louis XV, la comtesse de Valentinois y reçoit Mme du Barry, sous Louis XVI, c'est dans cet hôtel que Franklin fait ses premiers essais de paratonnerre en France.

Le Château de Passy, devenu Château de Boulainvilliers, est loué par son propriétaire, Bernard de Boulainvilliers, petit-fils du fameux Samuel Bernard, au non moins fameux La Popelinière, qui y coule des jours fastueux, environné d'une cour d'artistes et d'hommes de lettres.

Ce fermier général, qui servit si longtemps de tête de Turc à Voltaire, est aussi célèbre pour ses prétentions au bel esprit que pour ses infortunes conjugales.

Qui ne se rappelle l'histoire de La Popelinière découvrant dans le boudoir de sa femme une plaque à charnière qui servait de moyen de communication avec l'appartement voisin qu'occupait le duc de Richelieu, et faisant constater ensuite juridiquement l'affront dont dont il était victime. Ce Mécène recevait un monde furiensement mêlé ; on donnait le nom de ménagerie à la maison et au maître celui de Sultan. Passy, d'ailleurs, ne doit pas garder de lui un mauvais souvenir, car il répandit alentour ses bienfaits, sans compter.

A sa mort, le château retourne à son propriétaire, le marquis de Boulainvilliers, dont la femme, très charitable, y recueille deux orphelins, un garçon et une fille qu'on découvrit plus tard être les descendants d'un bâtard de Charles IX. Ce fut cette orpheline, devenue comtesse de la Mothe, qui compromit le Cardinal de Rohan et Marie-Antoinette dans la fameuse affaire du collier.

En 1820, le domaine de Passy sera morcelé et fera place à un quartier nouveau, qui perpétuera le nom du petit-fils de Samuel Bernard.

Florian, le charmant fabuliste, était également un hôte de Passy. Il habitait dans la pittoresque et vénérable rue Berton, non loin de la belle propriété de l'infortunée princesse de Lamballe (aujourd'hui Maison de Santé de M. le Docteur Meuriot). Florian, le doux Florian a, d'ailleurs, en quatre vers, tracé le portrait de son protecteur, le duc de Penthièvre et celui de la belle-fille, la princesse de Lamballe, veuve à 19 ans.

Pieux comme Booz, austère avec douceur
Vous aimez les humains et craignez le Seigneur
Hélas! un seul soutien manque à votre famille
Vous n'épousez pas Ruth, mais vous l'avez pour fille.

Notre regretté ami Georges Cain a naguère décrit, avec toute la sensibilité dont il était capable, une visite que nous fîmes ensemble, il y a quelques années, dans ce domaine où plane un si douloureux souvenir : « Le parc a conservé le charme pénétrant des très vieux jardins et nous y évoquons tous ceux qui, depuis plus de deux cents ans, y ont vécu, rêvé, souffert ! Dans ces paysages à la Watteau, nous revoyons les Cydalise et les Aramynthe : frêles parmi des nœuds énormes de rubans, les mignonnes marquises en vertugadins retroussent les traînes de satin sur leurs mules à hauts talons; nous croyons entendre le brouhaha charmé, causé par l'arrivée de la reine Marie-Antoinette venant demander à goûter à sa « chère Lamballe »...

Pauvre délicieuse Princesse. Sa vie ne fut que charme et légèreté. Mais quelle fin.

Après Mme de Lamballe, Mirabeau qui, si l'on en croit les *Actes des Apôtres,* eut à Passy, un pied-à-terre secret ; André Chénier qui vint souvent à Passy, chez Mme Piscatory, belle-mère du Marquis de Pastouret ; La Tour d'Auvergne, qui vécut rue Raynouard ; Moreau, l'adversaire de Napoléon qui habitait, avant son exil, un hôtel situé au 7 de la rue de Passy.

Chaillot, par contre, Chaillot au XVIIIe siècle compte fort peu d'hôtes illustres. C'est pourtant dans une petite maison, située sur la colline de Chaillot, que l'abbé Prévost écrivit ce chef-d'œuvre de psychologie amoureuse — *Manon Lescaut* —. C'est dans cette aimable retraite que Prévost puisa les inspirations de son roman, dont il fait passer plusieurs scènes à Chaillot.

A Chaillot également vécurent Mme Vigée-Lebrun, la charmante portraitiste, et Malfilâtre, le poète malheureux qui vint y cacher sa misère.

Au début du XIXe siéle, un grand rêve, un rêve napoléonien est sur le point de métamorphoser notre territoire, de faire de notre futur seizième arrondissement un émule, un rival de Versailles.

Tandis que toute notre région s'embellissait, la montagne de Chaillot (notre Trodadéro actuel) devenait déserte, inculte ; après la dispararition du Couvent de la Visitation et de l'Abbaye des Bonshommes, on ne l'utilisait plus que pour en tirer des pierres. Les carriers, dit un contemporain, l'avaient percée comme une écumoire. C'est ce monticule insignifiant qui faillit englober tous les environs dans une entreprise gigantesque.

Arrivé au faîte de sa gloire militaire, Napoléon 1er résolut de faire construire pour lui, pour sa race, sa cour et ses ministres, un palais babylonien, éclipsant tout ce qui avait été fait avant lui, même par Louis XIV. C'est sur la montagne de Chaillot qu'il jeta les yeux pour édifier le palais de son rêve.

Il fit venir ses deux architectes, Percier et Fontaine, et leur demanda de dresser les plans d'un monument le plus vaste et le plus beau de l'Univers. L'assise centrale en devait être la montagne de Chaillot, surplombant la Seine et le Champ de Mars. Le palais serait immense, comportant salles des fêtes et de réception, appartements d'honneur, appartements pour les membres de la famille impériale, les dignitaires, etc... Les Arts, les Sciences, l'Université, les Archives, devaient y avoir leurs palais particuliers. Le moderne César entendait tout concentrer autour de lui, pour que tout pût célébrer sa gloire.

Les architectes se mirent à l'œuvre, les plans furent dressés ; ils sont conservés par les descendants de Fontaine.

L'aspect de ce palais du rêve est imposant. Qu'on s'imagine sur le sommet du Trocadéro, un Trocadéro plus élevé que celui de nos jours, le palais de Versailles précédé d'une double colonnade comme celle du Bernin à Saint-Pierre-de Rome. Cette monumentale construction devait se dresser au-dessus de trois terrasses successives, conduisant au pont d'Iéna. Toute la facade donnait sur la Seine et comprenait les appartements de gala. Les appartements de l'Empereur et de sa famille étaient situés à l'Ouest, face à un immense parterre qui s'étendait jusqu'au Bois de Boulogne, entre deux magnifiques avenues descendant à droite et à gauche de la Muette et jusqu'à l'Arc-de-Triomphe de l'Étoile. Elles représentaient à peu près nos avenues Kléber et Henri-Martin actuelles. Le Bois de Boulogne devait servir de parc au nouveau palais.

Autour de la construction centrale étaient placés, au Nord et à l'Est, des bâtiments divers, puis venaient les dépendances. Le Château de la Muette devenait une modeste vénerie.

On peut donc juger qu'une bonne moitié de Passy, c'est-à-dire la plus grande partie du seizième arrondissement était englobée par la conception napoléonnienne.

Les destins en décidèrent autrement.

Ce palais somptueux, comme tant d'autres rêves, s'évanouit dans les neiges de la Russie. « Tout n'est que vanité », avait dit Bossuet, chez les Visitandines, sur cette montagne de Chaillot qui faillit ainsi devenir le Mont Capitolin, des Français. Sous Louis-Philippe, l'ombre de Napoléon, à la rentrée des cendres, sembla devoir en reprendre possession. Il fut question d'élever au conquérant un tombeau majestueux sur l'emplacement qu'il avait choisi pour son palais impérial. Après réflexion, l'on se décida pour les Invalides. L'emplacement resta libre jusqu'au moment où le Palais du Trocadéro, vint, hélas, l'occuper.

S'ils ont contribué à les embellir, le XIXe et le XXe siècles n'ont pas toujours su respecter le pittoresque de Chaillot, d'Auteuil et de Passy.

Mesdames, daignez chausser les brodequins romantiques, revêtir une robe de mousseline Amalthée et une redingote en gros de Naples. Nouez sur votre coiffure à la Chinoise un turban à la Moabite. Vous êtes charmantes ; et vous, Messieurs, endossez une redingote couleur flamme d'enfer. Voici votre feutre blanc et votre manteau nuance œil de corbeau de falaise. Vous êtes vraiment irrésistibles.

Avant de clore cette causerie, allons jeter un rapide coup d'œil sur le Passy du temps de Louis-Philippe et de Napoléon III.

En 1836, dans ses *Chroniques de Passy*, le bon Quillet nous apprend que les eaux découvertes par l'abbé Le Ragois, et qui font alors partie de la propriété Delessert, jouissent encore de la plus grande faveur. « La plupart des médecins de la capitale envoient à Passy leurs malades en convalescence. L'air vivifiant et salubre qu'on respire en ce lieu, l'étendue et la beauté des promenades qui l'entourent, les rétablissent très promptement, et c'est à l'influence de sa position sur une hauteur, à la proximité d'un bois, d'un fleuve et d'une plaine, qu'on doit sans doute la longévité qu'on y remarque ».

De fait, sous Louis-Philippe, octogénaires et nonagénaires abondent à Passy. Ils n'y sont point rares encore. Qu'on se le dise !

En 1818, le Ranelagh a été reconstruit, mais on n'y rencontre plus que des lorettes, ce qui n'empêche pas Amédée Achard d'écrire en 1867 : « Que ce nom a fait battre de cœurs ! Quels souvenirs, n'a-t-il pas laissés dans la jeunesse dorée de la Restauration et de la royauté de Juillet ! La valse y était en permanence, et parmi les plus illlustres lionnes de Paris, car à cette époque il y avait des lionnes, grand'mères des biches d'aujourd'hui, la plupart avaient pris leur grade dans les salons du Ranelagh. Et il fallait voir comme les princes russes et les fashionables d'alors, pères des petits crevés d'à-présent, rôdaient autour d'elles ! »

C'était quelque chose comme le jardin Mabille du Bois de Boulogne, mais un Jardin Mabille plus aristocratique, on n'y arrivait qu'en voiture et jamais la galanterie ne s'y présentait en omnibus.

Aujourd'hui, le Ranelagh n'est plus ; les pierres en ont été dispersées. Que sont devenues les Palmyre et les Paméla, les Mathilde et les Olympes qui si longtemps y promenèrent leurs robes blanches et leurs sourires ?

Sous Napoléon III, l'administration d'Haussmann et d'Alphand fait des prodiges et crée cette merveille sans rivale — le nouveau Bois de Boulogne tel que nous pouvons l'admirer.

C'est l'âge de sa pleine vogue, c'est l'époque où les Parisiennes mourraient certainement tous les soirs, si elles ne faisaient pas chaque jour *leur tour du lac.* Napoléon III, escorté de ses cent-gardes, y promène ses hôtes royaux, et les Parisiennes de 1867 y saluent l'Impératrice et le « Petit Prince », souriant dans la daumont conduite par des jockeys poudrés, en culotte de peau, vestes de velours vert à brandebourgs dorés, calotte verte frangée d'or.

Pauvre Bois de Boulogne ! Les jours étaient proches où en 1870, situé aux avant-postes de Paris assiégé, il allait se voir déboisé et transformé en parc à bestiaux...

Innombrables sont les hôtes illustres qui habitèrent le XVIe arrondissement, de 1800 jusqu'à nos jours.

C'est Talleyrand qui habite le château de la Muette, Mme d'Abrantès, qui vient mourir obscurément à Chaillot, où elle gagne péniblement le pain de ses derniers jours, en écrivant des romans ; Rouget de l'Isle, qui loge à Passy, au moment le plus triste de sa vie ; Rouget de l'Isle qu'un voisin sauve de la misère ; ce voisin c'est Béranger qui habite rue Raynouard, puis rue Scheffer (alors rue des Moulins), puis rue Vineuse ; c'est le grand Balzac qui, de 1840 à 1847, loge au 47 de la rue Raynouard, abattant un labeur formidable et employant une bonne part de son imagination à échapper à ses créanciers par des sentiers dérobés qui existent encore ; c'est Musset, c'est George Sand, c'est

Jules Sandeau, c'est Spontini, c'est Halévy, c'est Rossini, c'est Proud'hon, c'est Casimir-Périer, c'est Guizot, c'est Gambetta, c'est Thiers ; ce sont enfin les deux plus grands poètes du siècle, Lamartine qui s'éteint, pauvre, oublié, dans le chalet proche de la Muette, dont la Ville de Paris lui a fait hommage ; c'est Victor Hugo qui, avenue d'Eylau (actuellement avenue Victor-Hugo) ferme les yeux au milieu de l'apothéose dont les Parisiens gardent encore le souvenir.

La Grande Guerre est venue, et elle a trouvé les habitants du XVIe particulièrement éprouvés par le bombardement des Gothas et Berthas, aussi dédaigneux du péril, aussi héroïques que leurs ancêtres. Entre tant de braves gens, je n'aurai garde d'oublier nos héroïnes, nos vaillantes Croix-Rouges qui, sous le feu de l'ennemi, continuèrent, dans les hopitaux d'Auteuil et de Passy, à veiller sur nos petits soldats, sur nos blessés.

Et maintenant, si gravement que ce soit, la paix glorieuse nous sourit. Les hommes se tournent avec faveur vers les belles inventions pacifiques.

L'aviation va changer sans doute notre façon de concevoir un paysage. Que penseront de notre XVIe les générations ailées de l'avenir ?

J'ai voulu le savoir, et j'ai questionné à ce sujet l'un de nos plus illustres conquérants de l'air. Son avis motivé donnera à cette trop longue causerie sa conclusion.

« Quand on plane au-dessus de Paris, à la belle saison, m'a confié ce hardi pilote, on est surpris de voir combien la capitale est plus boisée, plus semée d'arbres et de jardins qu'on ne l'avait imaginé ; mais dès qu'on cingle vers l'Ouest et qu'on aperçoit Passy et Auteuil, ce n'est plus de la surprise que l'on ressent, c'est de l'admiration. »

Enveloppé dans le riche écrin verdoyant du Bois, le XVIe arrondissement apparaît alors comme ce qu'il est en vérité : le Jardin de la Capitale, le Bouquet de Paris.

F. D'ANDIGNÉ,
Conseiller Municipal de Paris.

www.ingramcontent.com/pod-product-compliance
Ingram Content Group UK Ltd.
Pitfield, Milton Keynes, MK11 3LW, UK
UKHW022135260726
13993UKWH00003B/1445

9 782329 203331